Bibliografische Information der Deutschen Nationalbibliothek:

Die Deutsche Bibliothek verzeichnet diese Publikation in der Deutschen National-
bibliografie; detaillierte bibliografische Daten sind im Internet über http://dnb.d-
nb.de/ abrufbar.

Impressum:

Copyright © 2019 GRIN Verlag
Druck und Bindung: Books on Demand GmbH, Norderstedt Germany
ISBN: 9783668926301

Dieses Buch bei GRIN:

https://www.grin.com/document/463390

Rosetta Scanzano

Fitnesstrainer/in-B-Lizenz. Makrozyklusplanung eines Krafttrainings nach der ILB Methode

GRIN Verlag

GRIN - Your knowledge has value

Der GRIN Verlag publiziert seit 1998 wissenschaftliche Arbeiten von Studenten, Hochschullehrern und anderen Akademikern als eBook und gedrucktes Buch. Die Verlagswebsite www.grin.com ist die ideale Plattform zur Veröffentlichung von Hausarbeiten, Abschlussarbeiten, wissenschaftlichen Aufsätzen, Dissertationen und Fachbüchern.

Besuchen Sie uns im Internet:

http://www.grin.com/

http://www.facebook.com/grincom

http://www.twitter.com/grin_com

BSA-Akademie
Hermann Neuberger Sportschule 3
66123 Saarbrücken

Hausarbeit „*Fitnesstrainer/in-B-Lizenz*"

Name: *Scanzano*

Vorname: *Rosetta*

Thema: ***Makrozyklus-Planung eines Krafttrainings nach der ILB Methode***

Inhaltsverzeichnis

1 Diagnose

1.1 Kundendaten

Kundenname	Alter	Körpergrösse	Körpergewicht
Tina S.	30 Jahre	1,50 m	50, 7 kg

1.2 Biometrische Parameter

Biometrische Parameter	Taille-Hüft-Quotient	Körperfettanteil (KFA)	Body-Mass-Index (BMI)	Blutdruck	Ruhepuls
Ist-Zustand	(70/90) = 0,77	18,4%	22,5	118/66	60 Schläge/Min
Bewertung	Normal	Niedrig	Normal	Normal	Normal

1.2.1 Der Taille-Hüft-Quotient

	Körperfettverteilung	Frauen	Männer	Risiko
Birnenform	Gynoid	< 0,85	< 1,00	Kein Risiko
Apfelform	Android	> 0,85	< 1,00	Risiko

Die Formel des Taille-Hüft-Quotient, kurz THQ (Waist-to-Hip-Ratio), berechnet den Taillenumfang (in cm) geteilt durch den Hüftumfang (in cm) anhand eines Massbandes, bei normaler Ausatmung.

Die schmalste Stelle an der Taille wird durch die breiteste Stelle zwischen Hüfte und Gesäss geteilt. Sie gibt Auskunft über die Körperfettverteilung am Bauch in Apfel- oder Birnenform.

Die Apfelform ist gesundheitlich ungünstiger da hier durch den erhöhten viszeralen Fettanteil, sprich Fettgewebe um die inneren Organe im Bauchraum, das Risiko für Herzkreislauferkrankungen besteht.

Tinas Taille-Hüftquotient liegt bei 0,77 und ist somit ungefährlich.

1.2.2 Der Körperfettanteil

Klassifikation Körperfett, basierend auf *Gallagher et al., American Journal of Clinical Nutrition*, Vol. 72, Sept. 2000 (Quelle: Wikipedia)

Alter (Jahre)	Frauen				Männer			
	niedrig	normal	hoch	sehr hoch	niedrig	normal	hoch	sehr hoch
20–39	< 21%	21–33%	33–39%	≥ 39%	< 8%	8–20%	20–25%	≥ 25%
40–59	< 23%	23–34%	34–40%	≥ 40%	< 11%	11–22%	22–28%	≥ 28%
60–79	< 24%	24–36%	36–42%	≥ 42%	< 13%	13–25%	25–30%	≥ 30%

Der **Körperfettanteil** wurde bei Tina durch eine Bio-Impedanz-Waage ermittelt, da diese Messung weniger zeitaufwendig und weniger intim als eine Kalipermessung ist.

Der Wert der Bioimpedanzanalyse (BIA) ist leider nicht immer 100% korrekt.

Diese Fettmesswaagen ermitteln den Körperwiderstand über den Wasserhaushalt. Da der Wasserhaushalt des Körpers aber durch Salz- und Kohlenhydratzufur sehr variiert, werden somit die Körperfettwerte gerne verfälscht.

Je mehr Wasser im Körper, desto niedriger der Körperfettwert der BIA

Je weniger Wasser im Körper, desto höher der Körperfettwert der BIA

1.2.3 Der Body-Mass-Index (BMI)

Der Body-Mass-Index (BMI) dient dazu, das Körpergewicht einer Person im Verhältnis zu ihrer Körpergrösse zu rechnen um dadurch ein eventuelles Übegewicht diagnostizieren zu können. Für Fitness- und Gesundheitssportler stellt der BMI einen relativ aussagekräftigen und leicht zu bestimmenden Parameter dar. Der BMI wird nach folgender Formel berechnet:

BMI = Körpergewicht (in kg) / Körpergrösse (in m²)

Gewichtsklassifikation bei Erwachsenen anhand des **BMI** (nach WHO, 2008)

Kategorie	BMI (kg/m²)
Starkes Untergewicht	< 16
Mäßiges Untergewicht	16 – < 17
Leichtes Untergewicht	17 – < 18,5
Normalgewicht	**18,5 – < 25**
Präadipositas	25 – < 30
Adipositas Grad I	30 – < 35
Adipositas Grad II	35 – < 40
Adipositas Grad III	≥ 40

Bei Tina, die wöchentlich fast 10 Stunden Sport triebt, ist der BMI kein aussage-
kräftiger Wert da der Muskelanteil nicht einbezogen wird; sie aber eine sehr hohe
fettfreie Masse besitzt.

1.2.4 Der Blutdruck

Bluthochdruck (arterielle Hypertonie) ist einer der grössten Risikofaktoren für
die Entstehung von Erkrankungen des Herz-Kreislauf-Systems. Aus diesem
Grund ist die Blutdruckmessung, dank einfacher Blutdruckmessgeräten, ein un-
verzichtbarer Bestandteil der Diagnose.

Einteilung der Blutdruck-Normalwerte laut WHO:

Blutdruckkategorie	Systolischer Blutdruck (mm Hg) (obere Zahl)	Diastolischer Blutdruck (mm Hg) (untere Zahl)
Optimal	< 120	< 80
Normal	120 – 129	< 85
Hochnormal	130 – 139	85 – 89
Bluthochdruck Stufe 1	140 - 159	90 - 99
Bluthochdruck Stufe 2	160 - 179	100 - 109
Bluthochdruck Stufe 3 Blutdruckkrise!	> 180	> 120

1.2.5 Der Ruhepuls

Der Ruhepuls wird mit einem Pulsmessgerät erfasst, direkt nach dem Aufwachen, noch liegend im Bett. Von Tagespuls redet man vom Messverfahren im Laufe des Tages und dieser liegt oft 5-10 Schläge über dem Ruhepuls da er durch externe und interne Einflüsse abhängig ist.

Er ist ein wichtiger Indikator zur Beurteilung des Ausdauerleistungszustandes einer Person. Mit zunehmendem Ausdauerleistungsniveau sinkt der Ruhepuls.

1.3 Zusätzliche Kundeninformationen

Gesundheitszustand	Keine gesundheitlichen Einschränkungen, Keine Medikamenteneinnahme
Berufliche Aktivität	Stehende Aktivität als Servicekraft im Fitnessstudio und zusätzlich körperliche Aktivität als Gruppenleiterin im Kursbereich
Sportliche Aktivitäten	Früher: Kunstturnen und Handball Heute: Fitness (Nur Gruppenkurse: Pilates, Indoor Cycling, Tanz- und Entspannungskurse, Yoga) 4X/Woche jeweils 2 Stunden
Trainingsmotive und -wünsche	Gerätegestützte Krafttraining als neue Herausforderung Mindestens bis 90 Jahre fit bleiben und Sport unterrichten Muskelaufbau/-erhalt und Beweglichkeit
Zeitbudget	3 bis 4 Mal/Woche jeweils 1-2 Stunden

Die sportlich aktive Tina hat einen sehr hohen Muskelanteil.

Sie wünscht sich dieses Volumen so lange wie möglich zu erhalten um das Leben bis ins hohe Alter autonom zu geniessen.

Präventiv gegen Muskelschwund wünscht sie sich noch dazu in den nächsten 12 Monaten etwa 1-2 kg pure Muskelmasse aufzubauen die durch neue, unbekannte und herausforderungsvolle Trainingsreize im Krafttrainingsbereich erreicht werden sollen.

2 Zielsetzung (Ziel = Inhalt + Ausmass + Zeit)

2.1 3 relevante Trainingsziele

Stärkung des Bewegungssystem: Muskelaufbau durch **Krafttraining**, Optimierung des THQ, Figurformung und minimale Körperfettreduktion	1-2 kg Muskelmasse aufbauen, Ist-Zustand: 41,4kg FFM (fettfreie Masse)	In 12 Monaten: 43 kg FFM erreichen durch 2-3x Krafttraining/Woche, THQ < 0,75 und 18% Körperfett
Stärkung des Herz-Kreislaufssystems: Verbesserung der Ausdauerleistungsfähigkeit durch **Ausdauertraining** Senkung des Ruhepuls	Den Ruhepuls um 2 Schläge senken (von 60 auf 58 Schläge pro Minute)	In 12 Monaten: Ruhepuls von 58 Schlägen erreichen durch 2-3x/Woche 45minütiges Cardiotraining
Verbesserung der Beweglichkeit: Gesteigertes Wohlbefinden durch **Beweglichkeitstraining**	Keine Beweglichkeitsdefizite, trotzdem wieder wie in Kindesjahren, im Längs- und Seitspagat sitzen	In 12 Monaten wieder im Spagat sitzen, durch tägliches Stretchingprogramm der Hüft-und Kniegelenkbeuger

2.1.1 Ist-/Soll-Zustand im Überblick

Zustand	FFM	Ruhepuls	Dehnungsfähigkeit
Heute	41,4kg	60bpm	Testauswertung Bewglicheit : Stufe 0 für Hüft- und Kniegelenkbeuger
ZIEL (in 12 Mona-ten)	43kg	58bpm	Beweglichkeit über Stufe 0 hinaus, dh wieder im Spagat sitzen wie in früheren Kunstturnzeiten

2.2 Begründung der festgelegten Trainingsziele

Tina hat schon viele Trainingsziele in ihrer sportlichen Karriere erreicht und hat als nächsten Wunsch ihre Kraftausdauer und Beweglichkeit zu verbessern.

Realistisch, kann Tina in ihrem aktuellen Zustand noch jährlich 1 bis maximal 2 kg neuer Muskelmasse erreichen da ihr, laut FFMI, nur noch 4kg Fettfreie Masse zum genetischen Limit fehlen, dies wurde wie folgt berechnet.

Zur Berechnung des Fettfreie-Masse-Index benötigt man folgende Daten:

Körpergewicht (**KG**), Größe (**G**) und Körperfettanteil (**KFA**)

Fettfreie Masse

Zunächst wird die fettfreie Masse (**FFM**) nach folgender Formel berechnet:

$FFM = KG * (100 - KFA) / 100$

$Tina's\ FFM = 50,7 * (100 - 18,4) / 100 = 41,4$

Der FFMI, der Fettfreie-Masse-Index ist die fettfreie Masse in Relation zur Körpergröße plus einem kleinen Korrekturfaktor (Kouri et al.):

$FFMI = FFM / (G * G) + 6,3\ x\ (1,8 - G)$

Tina's FFMI = 41,4 / (1,5 * 1,5) + 6,3 * (1,8 - 1,5)

= 41,4 / 2,25 + 6,3 x 0,3 = 18,4 + 1,89 = 20,29

Studien haben ergeben, dass es beim FFMI eine natürliche Obergrenze des Körpers gibt: Bei Männern ist Obergrenze mit 25, bei Frauen mit 22 erreicht

FFMI	Frauen	Männer
schwach	*13-14*	*17-18*
durchschnittlich	*15-16*	*19-20*
gut	*17-18*	*21-22*
sehr gut	*19-21*	*23-24*
oberstes Limit	*22*	25

Nach FFMI Berechnungen, sind 45 kg Fettreie Masse oberstes Limit für Tina, dieses Ziel möchten wir Ende des 2ten Krafttrainingjahres erreichen.

Am Ende des ersten und aktuellenTrainingjahres möchten wir 43 kg fettreie Masse erzielen.

Krafttraining und Beweglichkeitstraining ergänzen sich bestens, da durch Kräftigungstraining die erforderliche Gelenkstabilität unter anderem, der Hüften und Beine für die Gätschelemente gewährleistet wird und vice versa durch Dehnungen die Geschmeidigkeit der Muskeln und Gelenke aufrecht erhalten bleibtm die oft durch einseitiges Krafttraining leiden.

Durch das allgemeine Training bestehend aus Kraft, Asdauer und Beweglichkeit was durch Cardioeinheiten nach dem Training intensiviert wird, wird der Ruhepuls sich von Trimester zu Trimester nach unten revidieren.

Da die fitte Tina bisher nur Erfahrung mit Fitnesskursen hatte, möchte sie ab jetzt auch vor allem von der Vielseitigkeit des gerätegestütztem Krafttraining profitieren :

Leistungssteigerung:
- Verbesserung der Kraftfähigkeit als Basis für sportliche Leistungsfähigkeit
- Kompensation nicht speziell trainierter Muskelgruppen bei Sportarten mit einseitigen Kraftbeanspruchungen

Körperformung:
- Aufbau von Muskelmasse und geringfügige Steigerung des Grundumsatzes
- Profilierung der Muskulatur, Gewebestraffung
- Verringerung des Körperfettanteils
- Muskelmasse als wichtiger Beitrag zur Gewichtsregulierung

Psychische Ziele:

- Steigerung des Selsbstbewusstseins und des Selbstwertgefühls

- Entwicklung von Körperbewusstsein und Körperwahrnehmung

- Verbesserung des Wohlbefindens und der Stimmung

- Wichtiger Beitrag zur Vorbeugung und Verringerung fast aller psychischen Beschwerden (Stress, Depression, Burn Out)

Präventive Ziele:

- Erhalt und Verbesserung der Leistungsfähigkeit und der Belastbarkeit des Bewegungssystems

- Verringerung des Verletzungs und Verschleissrisikos im Alltag, bei der Arbeit und im Sport und Vorbeugung gegen andere Beschwerden des Bewegungsystems (Rückenschmerzen etc)

- Stabilisierung der Bindegewebestrukturen des Bewegungssystems: Erhöhung der Festigkeit und Belastbarkeit von Sehen, Bändern, Knorpel und Knochen

- Unterstützung einer Gewichstreduktion und Vorbeugung gegen Übergewicht und metabolisches Syndrom (Bluthochdruck, Insulinresistenz, Diabetes mellitus Typ 2)

- Vebesserung und Erhalt der Leistungsfähigkeit des Gehirns

- Erhalt der Selbstständigkeit im Alter

- Kompensation der Kraftabnahme und des Muskelschwunds bedingt durch das Alter

3 Trainingsplanung

3.1 Makrozyklus nach ILB Methode
3.1.1 Makrozyklusdarstellung (6 Monate)

1. Makrozyklusplannung für ein Krafttraining — Leistungsstufe : Beginner

	Mesozyklus 1	Mesozyklus 2	Mesozyklus 3	Mesozyklus 4
Makrozyklus (4 Mesozyklen)	Mesozyklus 1	Mesozyklus 2	Mesozyklus 3	Mesozyklus 4
Dauer (in Wochen)	6	6	6	6
Trainingsziel	Kraftausdauer	Kraftausdauer	Hypertrophie	Hypertrophie
Organisationsform	GK/Stationstr.	GK/Stationstr.	GK/Stationstr.	GK/Stationstr.
Trainingshäufigkeit/Woche	2x	2x	2-3x	2-3x
Übungen/ Muskelgruppe	1 – 2	1 – 2	1 – 2	1 – 2
Sätze/ Übung	2	2	2	2
Trainingsintensität (in % ILB)	50-70%	50-70%	50-70%	50-70%
Wiederholungen	20	15	12	8
Bewegungstempo	2/0/2	2/0/2	3/0/1	3/0/1

Zwischen Mesozyklus 1 und 2: ILB-Test: 20 Wiederholungen
Zwischen Mesozyklus 2 und 3: ILB-Test: 15 Wiederholungen
Zwischen Mesozyklus 3 und 4: ILB-Test: 12 Wiederholungen
Nach Mesozyklus 4: ILB-Test: 8 Wiederholungen

3.1.2 Periodisierung – Erläuterung und Begründung der anvisierten Trainingsziele

Tina besitzt absolut keine Erfahrung mit gerätegestütztem Krafttraining; deshalb stufen wir sie als Beginner ein und erarbeiten im ersten Makrozyklus von 6 Monaten, in einem Abschnitt von jeweils 6 Wochen, die Basis für das Erlernen der technisch korrekten Ausführung der Kraftübungen in Form von Ganzkörpertraining aus.

Sie besitzt ein gutes Körperbewusstsein und eine gute Körperwahrnehmung durch ihre sportlichen Lebenslauf und darf die Orientierungsstufe überspringen.
Da sie schon 4x/Woche Fitnesskurse macht, genügen zu Beginn 2x/Woche Krafttraining.

Als Trainingsziele für den gewünschten Muskelaufbau wird für die Einsteigerin im allersten Makrozyklus mit Kraftausdauertraining begonnen und mit Muskelhypertrophietraining aufgehört;
Maximalkraft wird eventuell am Ende des 2ten Makroyzyklus angeboten da wir in 2 Trainingsjahren schon am Wunschziel ankommen werden und wir uns so im 1. Halbjahr auf die Technik der Übungen konzentrieren wollen.

Durch das Kraftausdauertraining wird die 'Infrastruktur' in der Sklettmuskulatur für nachfolgende intensive Krafttrainingszyklen geschaffen.

Realsistisch gesehen kann Tina durch die neuen gesetzten Muskelreize ihre drei primären Ziele in 12 Monaten locker erreichen.

Zustand	FFM	Ruhepuls	Dehnungsfähigkeit
Heute	41,4kg	60bpm	Testauswertung Bewglicheit : Stufe 0 für Hüft- und Kniegelenkbeuger
ZIEL (in 12 Monaten)	43kg	58bpm	Beweglichkeit über Stufe 0 hinaus, dh wieder im Spagat sitzen wie in früheren Kunstturnzeiten

Das Training der Kraftausdauer bringt Tina folgende Vorteile:

- Verbesserung vorwiegend des anaerob-laktaziden Stoffwechsels
- Erhöhung der Säuretoleranz bei längeren intensiven Belastungen
- Verbesserung der Regenerationsfähigkeit nach solchen Belastungen
- Erhöhung der Muskelglykogenspeicher
- Erhöhung der Ermüdungswiderstandsfähigkeit, schnellere Regeneration
- Verbesserte Kapillarisierung, günstigere Nährstoffversorgung
- verbesserte Stoffwechselsituation von Knorpel, Binde- und Sehnengewebe

Das Training der Hypertrophie bringt Tina die Erhöhung der Gelenkstabilität und die gewünschte Muskelvolumenzunahme durch Dickenwachstum der Fasern.

3.1.3 ILB-Methode und ILB-Tests

Die ILB-Methode eignets sich besonders als Steuerinstrument des Krafttrainings für Fitness- und Gesundheitssportler.

Als erst wird die **Trainingszielsetzung** mit Übungsauswahl und Wiederholungszahl festgelegt.

- Bei Kraftausdauer: 15-30 Wiederholungen
- Bei Hypertrophie: 08-15 Wiederholungen
- Bei Maximalkraft: 05-08 Wiederholungen
-

Das allgemeine Aufwärmen (ca. 10min) gefolgt vom speziellen Aufwärmen (gewählten Übungen ohne Gewicht) dient als körperliche und mentale Vorbereitung für das bevorstehende Trainingsprogramm.

Dann folgt ein erster **ILB Testsatz** mit der entsprechenden Wiederholungszahl.
Das Testergebnis wird in die **Trainingsplanung** umgesetzt und die Trainingsintensität an Hand des folgenden Grobrasters entnommen:

Leistungsstufe	Zeitstufe in Monaten	Trainingssystem	Trainingshäufigkeit pro Woche	Übungen pro Muskelgruppe	Sätze pro Übung	Intensität (in %ILB)*
Orientierungsstufe	0 – 1,5	Ganzkörpertraining	2	1 – 2	1 – 2	gering*
Beginner	1,5 – 6	Ganzkörpertraining	2	1 – 2	1 – 2	50 – 70
Geübter	6 – 12	Ganzkörpertraining	2 – 3	1 – 2	2	60 – 80
Fortgeschrittener	< 12	GK/Split	3 – 4	1 – 3	2 – 3	70 – 90
Leistungstrainierender	< 36	GK/Split	3 – 6	1 – 4	2 – 4	80 – 100

Durch die ILB-Methode werden die Prinzipien der Trainingslehre allesamt verwirklicht:

Prinzipien zur Auslösung der von Anpassungen:

- Prinzip des trainingswirksamen Reizes
- Prinzip der progressiven Belastungssteigerung
- Das Prinzip der variierenden Belastungen

Prinzipien zur Sicherung von Anpassungen

- Das Prinzip der optimalen Relation zwischen Belastung und Erholung
- Das Prinzip der Dauerhaftigkeit und Kontinuität (2-3x/Woche
- Das Prinzip der Periodisierung und Zyklisierung

Das Prinzip zur spezifischen Steuerung

- Das Prinzip der Individulaität und der Altergemässheit

3.2 Mesozyklus und alle relevanten Bealstungsparameter

Allgemeines Aufwärmen : 10-15 Minuten Ausdauertraining zur Aktivierung des Herz-Kreislauf-Systems (Crosstrainer, Fahrrad- oder Rudergometer, Laufband)   Belastungsintensität : +-120 Schläge/Minute

Spezielles Aufwärmen : Vor erstem Trainingssatz die Übung 20 x ohne Gewicht wiederholen

Mesozyklus 1   Leistungsstufe : Beginner   Trainingsziel : Kraftausdauer   Satzzahl pro Übung : 2   Satzpausen : 60 sek.

Übungen	Wdh.	ILB-Test	Woche 1 50% ILB	Woche 2 50% ILB	Woche 3 60% ILB	Woche 4 60% ILB	Woche 5 70% ILB	Woche 6 70% ILB
Beinpresse (sitzend)	20	60	30	30	35	35	40	40
Kurzhantel-Kniebeuge	20	10	5	5	6	6	7	7
Rudern (sitzend am Kabezug)	20	20	10	10	12,5	12,5	15	15
Hüftadduktionmaschine	20	10	5	5	6	6	7	7
Kurzhantel-Bankdrücken	20	8	4	4	5	5	5,5	5,5
Trizepsdrücken (am Kabelzug)	20	20	10	10	12,5	12,5	15	15
Rumpfextensionmaschine (sitzend)	20	20	10	10	12,5	12,5	15	15

Allgemeines Abwärmen : 15-20 Minuten Ausdauertraining zur regenerativen Herz-Kreislauf-Belastung   Belastungsintensität : +-120 Schläge pro Minute

Dehnung der zuvor beanspruchten Muskelgruppen zur Senkung des Muskeltonus

3.2.1 Methodik (Ziele, Inhalte und Ablauf) des Aufwärmens

Das Aufwärmen dient zur körperlichen und psychischen Vorbereitung auf das Hauptteil des Trainingprogramms und hat weitere **Ziele**:

- Das Erhöhen der Körpertemperatur
- Die Mobilisation des Herz-Kreislaufssystems und damit eine Erhöhung der physiologischen Leistungsbereitschaft
- eine Verletzungsprophylaxe
- Steigerung der Blutzirkulation und der Sauerstoffaufnahmekapazität
- Erhöhung der Körperkerntemperatur von 37,0°C auf 08,0 – 38,5°C
- Erhöhung der Temperatur und des Energieumsatzes im Muskel (von ca. 34,0°C auf ca 40,0°C)
- Verbesserung des Muskelstoffwechsels
- Verbesserung der Energiebereitstellung
- Erhöhung der Nervenleitgeschwindigkeit
- Erhöhung der Elastizität und der Dehnfähigkeit der Muskeln, Sehnen und Bänder
- Erhöhte Funktionsbereitschaft des passiven Begegungssystems
- Erhöhter Flüssigkeitseinstrom in das Gelenk und den Knorpel
- Verbesserte Pufferkapazität des Gelenkknorpels gegenüber Druckbelastungen
- Optimale psychische Voraussetzungen (Motivation und Konzentration)

Das optimale Aufwärmen beinhaltet:

- Dynamischer Einsatz grosser Muskelgruppen (5-15 Minuten Dauer)
- Belastungsintensität: Herzfrequenz bei 160 Schlägen/Minute abzüglich Lebensalter

Ausserdem, sollte :

- Ein Aufwärmprogramm vor jeder Bewegungseinheit ausgeführt werden.
- Das Aufwärmprogramm im Vorfeld zu keiner Funktionsermüdung führen, sondern aktivieren und stimulieren.
- Das allgemeine Aufwärmen stets dem speziellen Aufwärmen, dem sportartspezifischem Aufwärmen, vorausgehen

- Im speziellen Aufwärmteil, die an der Zielbewegung beteiligten Muskel- und Gelenkstrukturen mobilisiert bzw. aktiviert werden.
- Dauer und Intensität des Aufwärmens sich nach dem Trainingszustand richten: Je besser der Trainingszustand, desto länger und konzentrierter die Aufwärmphase

- *Empfehlungen für Tina*:

Allgemeines Aufwärmen:
10-15 Minuten Ausdauertraining zur Aktivierung des Herz-Kreislauf-Systems (Crosstrainer, Fahrrad- oder Ruderergometer, Laufband)
Belastungsintensität : +-120 Schläge/Minute
Spezielles Aufwärmen:
Vor erstem Trainingssatz die Übung 20 x ohne Gewicht wiederholen

3.2.2 Begründung der Übungsauswahl im Hinblick auf die anvisierten Trainingsziele

Für Tinas Trainingsziele haben wir uns für eine Kombination von ein- und mehrgelenkigen Übungen bestehend aus einem Training mit freien Gewichten und Geräten, entschieden.

Ein Krafttraining über 60min Dauer ist auf Grund der zunehmenden Ermüdung und der gesteigerten Cortisolproduktion (katabol wirkendes Hormon) kontraproduktiv, also wurde das Training auf ein minimum reduziert da Tina schon 4x/Woche ins Fitnessstudio geht.

Da Muskelaufbau ihr Ziel ist, setzen wird den Akzent auf das Training grosser Muskelgruppen.
Der Schwerpunkt liegt auf den Bereichen Bein-, Hüft-, und Rumpfmuskulatur.
Zu beachten ist, dass grosse Muskelgruppen vor kleineren Muskelgruppen und mehrgelenkige vor eingelenkigen Übungen trainiert werden.

Im ersten Mesozyklus werden gängige Übungen, sozusagen Standard- Kraftübungen trainiert, wie z. Bsp: Beinpresse, Ruderen, Kniebeuge, Bankdrücken.

Tina wünscht sich auch einen kleineren THQ, deshalb gilt die Rumpfmaschine als Bestandteil des Trainings.

Sie strebt neben dem Muskelaufbau ein allgemeines Fitbleiben, mehr Ausdauer und Beweglichkeit an.

Nach jedem Training darf sie eine leichte Ausdauereinheit von maximal 45Min auf dem Crosstrainer oder Laufband machen und zusätzlich noch statisch dehnen um wieder in 12 Monaten im Spagat zu sitzen.

Achtung wird geboten:

Bei konzentrischer Arbeit, der überwindenden Phase, wird bewusst ausgeatmet, bei exzentrischer Arbeit, der nachgebenden Phase, wird bewusst eingeatmet.

Am Umkehrpunkt der Übung darf die Position kurz statisch gehalten werden.

Hier sind die Vorteile von Training mit Machinen und freien Gewichten aufgelistet:

Vorteile von Krafttraining an Machinen	Vorteile von Krafttraining mit freien Gewichten
Reduzierte Verletzungsgefahr durch vorgegebene Bewegungsbahnen	Eigenstabilisation gefordert, dadurch Beanspruchung von mehr Muskelgruppen
Einfach und schnell zu erlernende Bewegungsausführung	Mehrdimensionale Bewegungen
Möglichkeit der Bewegungslimitierung	Schulung der intermuskulären Koordination
Möglichkeit der Exzentertechnik	Alltagsnahe Bewegungsmuster möglich
Weniger Fehlerbilder	In der Regel physiologische Gelenkmechanik
Leichter Trainingseinstieg für Beginner	Feine Gewichstabstufungen möglich

Vorteile eingelenkiger Übungen	Vorteile mehrgelenkiger Übungen

Isoliertes Training eines Muskels möglich	Alltagsnahe Bewegung
Keine Kompensationsmöglichkeit durch andere Muskeln	Training in Muskelketten (funktionelle Bewegungsmuster)
Keine axialen Druckbelastungen	Entlastung der passiven Strukturen durch physiologische Gelenkmechanik und muskuläre Sicherung
Motorisch einfach ausführende Bewegungen	Verbesserung der intermuskulären Koordination
Kaum Ausweichbewegungen möglich	Kein Auftreten von Scherkräften
Weniger Fehlerbilder	

3.2.3 Methodik des Abwärmens

Zum Abschluss jeder Trainingseinheit sollte ein Abwärmen (Cool down) erfolgen, um:

- kurz und langfristigen Verletzungen sowie Verschleisserscheinungen des Bewegungssystems vorzubeugen
- die Kreislauffunktionen herunterzuregulieren
- schneller Abtransport von Stoffwechselendprodukten aus der Muskulatur
- den erhöhten Muskeltonus nach dem Training zu senken
- sowie die Regenerationszeit zu verkürzen
- *Empfehlungen für Tina:*

  Allgemeines Abwärmen:

15-20 Minuten Ausdauertraining zur regenerativen Herz-Kreislauf-Belastung
Belastungsintensität : +-120 Schläge pro Minute

Dehnung:

Die zuvor beanspruchten Muskelgruppen werden zur Senkung des Muskeltonus gedehnt (Gesäss, Oberschenkel, Schultern, Arme etc)

Weiterführende passive Massnahmen der Regeneration

Entspannung, Atemübungen, Heisses Bad

19/20

4   Literaturverzeichnis

- Lehrbrief: 'Fitnesstrainer/in – B- Lizenz' &

- Lehrbrief:' Trainer/in für gerätegestütztes Krafttraining'

- Ilias: Übungssammlungen – Apparatives Krafttraining & Freinhanteltraining

- Internet: Wikipedia und egym.com

BEI GRIN MACHT SICH IHR WISSEN BEZAHLT

- Wir veröffentlichen Ihre Hausarbeit,
  Bachelor- und Masterarbeit

- Ihr eigenes eBook und Buch -
  weltweit in allen wichtigen Shops

- Verdienen Sie an jedem Verkauf

Jetzt bei www.GRIN.com hochladen
und kostenlos publizieren